Andreas Piel

Feuerwehr

Illustriert von Olivier Hubert
Mit vielen lustigen Zeichnungen
von Kerstin M. Schuld

ISBN 978-3-7855-5203-2
Überarbeitete Neuausgabe
1. Auflage 2010
© 1999, 2004 Loewe Verlag GmbH, Bindlach
Umschlagillustration: Olivier Hubert
Vignetten: Kerstin M. Schuld
Printed in Italy (011)

www.loewe-verlag.de

Inhalt

Warum gibt es die Feuerwehr?

Vor mehreren Hunderttausend Jahren lernten die ersten Menschen, mit dem Feuer umzugehen. Mit der Zeit mussten auch Methoden zur Brandbekämpfung entwickelt werden, weil die Gefährdung durch Feuer immer mehr zunahm. Heute übernimmt die Feuerwehr viele verschiedene Aufgaben. Sie wird eingesetzt bei Bränden, aber auch bei Überschwemmungen, Sturmschäden oder Unfällen.

Ein Wohnhaus brennt. Die Feuerwehr rückt mit dem gesamten Löschzug an. Nach Stunden ist das Feuer gelöscht.

● Die ersten Feuerwehrmänner in Europa waren wahrscheinlich römische Sklaven. Bei ihren nächtlichen Kontrollgängen hatten sie auch die Aufgabe, Brände zu löschen. Um 300 v. Chr. bildeten reiche Privatleute eigene bezahlte Löschmannschaften. In China gab es schon um 500 v. Chr. Feuerschutztruppen.

Römischer Sklave

Bronzeeimer

Tonkrüge

Solche Bronzeeimer und Tonkrüge wurden von den Sklaven zum Löschen benutzt.

Die Sklaven in den römischen Löschmannschaften hatten noch keine geeigneten Geräte und auch keine Schutzkleidung.

Abdeckung

Wasser

Das alte Rom verfügte über eine ausgezeichnete Wasserversorgung. Viele Wasserleitungen führten über solche Aquädukte in die Stadt.

Wie löschte man früher Brände?

Im Mittelalter schlugen die Nachtwächter Alarm, wenn Feuer ausbrach. Damals gab es viele Holzhäuser, sodass die Brandgefahr groß war. Die Einwohner bildeten eine Eimerkette von einem nahe gelegenen Brunnen, um das Feuer zu löschen. Oft riss man sogar benachbarte Häuser ab, damit sich der Brand nicht weiter ausbreiten konnte.

● Ein Holzhaus steht lichterloh in Flammen. Mit einer Eimerkette wird Wasser von einem Brunnen herbeigeschafft. Erst ab dem 17. Jahrhundert gab es die ersten Feuerspritzen, die das Feuerlöschen erleichterten.

Die Kleidung und Ausrüstung der Feuerwehr ist sehr vielfältig. Wegen der vielen verschiedenen Einsatzmöglichkeiten ist auch das Material der Schutzkleidung unterschiedlich. Aber alle Stoffe sind so behandelt, dass sie kein Feuer fangen können. Neben der Einsatzkleidung gibt es auch eine Dienstuniform.

Schutzanzug aus schwer brennbarem Material

Schutzhelm mit heller Leuchtfarbe

Nackenschutz

Kinnriemen

Sicherheits-leuchtstreifen

Sicherheitsgurt mit Öse und Karabiner-haken

Handschuhe aus feuerfestem Kunststoffgewebe

Strahlrohr

Beil mit Tasche

Schlauch

Stiefel mit durchtritt-sicherer Stahlsohle

● Wenn ein Feuerwehrmann großer Hitze ausgesetzt ist, trägt er einen mit Aluminium beschichteten Anzug. Muss er durch Qualm und Rauch gehen, benutzt er eine Atemschutzmaske. Für den Einsatz bei einem Brand oder bei einem Unfall mit Chemie- und Gefahrguttransportern gibt es ebenfalls spezielle Schutzanzüge.

Hitzeschutz

Die Schutzanzüge gegen große Hitze sind heute nicht mehr aus Asbest, sondern oft aus metallisiertem Glasseidengewebe oder Kunststoff gefertigt. Es gibt verschiedene Schutzstufen.

Chemie-/Säureanzug

Ein Chemikalien-Schutzanzug wird oft bei Unfällen benötigt. Auch hier gibt es je nach Gefährdungsgrad verschiedene Schutzstufen.

Straßensicherung

Die leuchtend roten Warnwesten besitzen reflektierende Silberstreifen, die im Dunkeln schon aus großer Entfernung gesehen werden können.

Was ist eine Berufsfeuerwehr?

Städte mit mehr als 100 000 Einwohnern müssen eine Berufsfeuerwehr haben. Das bedeutet, dass die dort beschäftigten Männer
und Frauen Berufsfeuerwehrleute sind. Aber jeder von ihnen hat
vorher einen anderen Beruf erlernt. Die Feuerwachen sind rund
um die Uhr einsatzbereit und die Feuerwehrleute arbeiten in einem
12- oder 24-Stunden-Schichtdienst.

Die Feuerwehrautos warten
in der Garage einer Feuerwache auf ihren Einsatz.

● Wer zur Berufsfeuerwehr will, sollte vorher einen handwerklichen oder technischen Beruf erlernt haben. Besonders geeignet sind Berufe wie Mechaniker, Schlosser oder Elektriker. Der Feuerwehranwärter muss zwei Jahre lang viel über Gerätekunde, Atemschutztechniken und Feuerwehrrecht lernen.

Übung

Der Einsatz in der Löschstaffel wird immer wieder geübt, damit alle Handgriffe sitzen und im Ernstfall so schnell wie möglich geholfen werden kann.

Auch das Aufrichten einer Leiter muss geübt werden.

Skizze zu einem Einsatzplan

Handschuhe schützen die Hände vor Verletzungen.

Theorie

Das Verstehen taktischer Einsatzpläne ist genauso wichtig wie spezielle Kenntnisse in Bau- und Gerätekunde. All das wird im theoretischen Unterricht vermittelt.

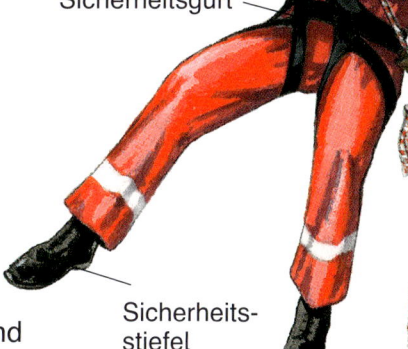

Sicherheitsgurt

Abseilen

Ein Feuerwehrmann muss schwindelfrei sein und gut klettern können. Oft gibt es Rettungsaktionen, bei denen ein Abseilen aus großer Höhe, zum Beispiel von Hochhäusern, erforderlich ist.

Sicherheitsstiefel

In kleinen Städten oder Dörfern gibt es oft eine freiwillige Feuerwehr. Sie besteht aus Bürgern, die freiwillig und ohne Entgelt bereit sind, zu jeder Zeit Schadensfälle zu bekämpfen. Nur bei größeren Unglücksfällen werden zusätzlich auch die freiwilligen Feuerwehren aus den Nachbarorten angefordert. Für eine freiwillige Feuerwehr sind 200 oder mehr Einsätze im Jahr keine Seltenheit.

Bei einem Unfall ist Öl auf die Straße gelaufen und gefährdet andere Verkehrsteilnehmer. Feuerwehrleute schütten ein Bindemittel auf die Ölspur, um die Fahrbahn zu säubern.

● In die freiwillige Feuerwehr kann jeder eintreten, der mindestens 16 Jahre alt ist. In vielen Orten gibt es auch Jugendfeuerwehren, bei denen man schon ab acht Jahren mitmachen kann. Hier können Jungen und Mädchen feuerwehrtechnisches Grundwissen erlernen. Viele Feuerwehren gewinnen hieraus ihren Nachwuchs.

Kinder und Jugendliche lernen den Umgang mit technischem Gerät.

● Freiwillige Feuerwehrleute arbeiten tagsüber in ihrem Beruf. Wenn ein Brand ausbricht, ruft sie eine Sirene zum Einsatz. Wer nicht in seinem Heimatort arbeitet und die Sirene nicht hören kann, wird telefonisch oder mit einem Piepser alarmiert. Unverzüglich eilen die Feuerwehrleute dann zu ihrer Feuerwache.

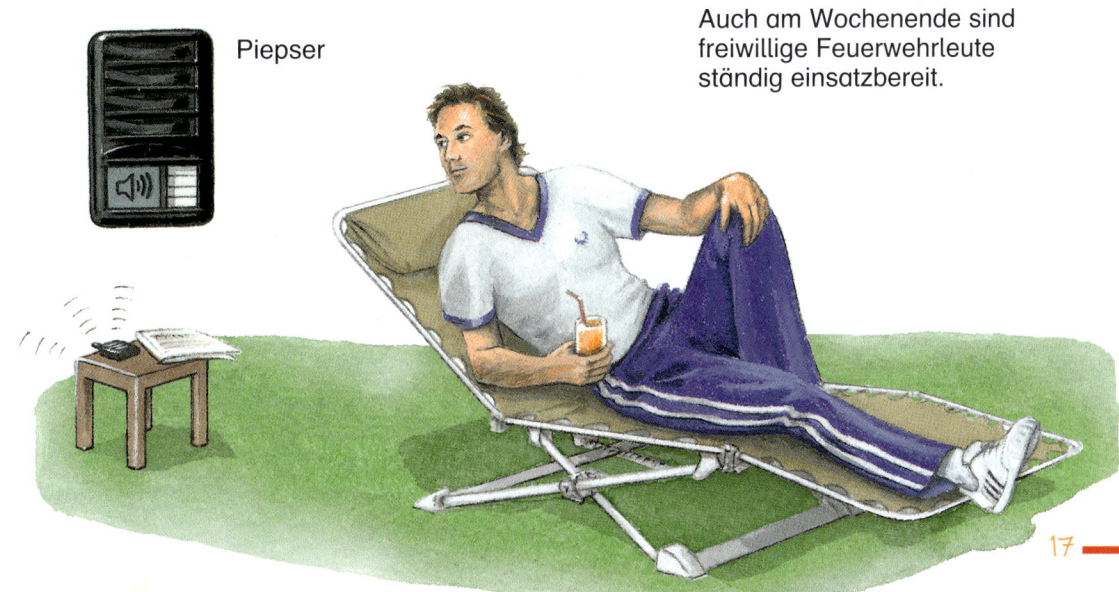

Piepser

Auch am Wochenende sind freiwillige Feuerwehrleute ständig einsatzbereit.

Eine große Feuerwache ist rund um die Uhr in Betrieb. Sie ist organisiert wie eine kleine Stadt, die sich selbst versorgt. Hier arbeiten oft mehr als 100 Menschen und verrichten Tätigkeiten, die sie in ihrem früheren Beruf erlernt haben.

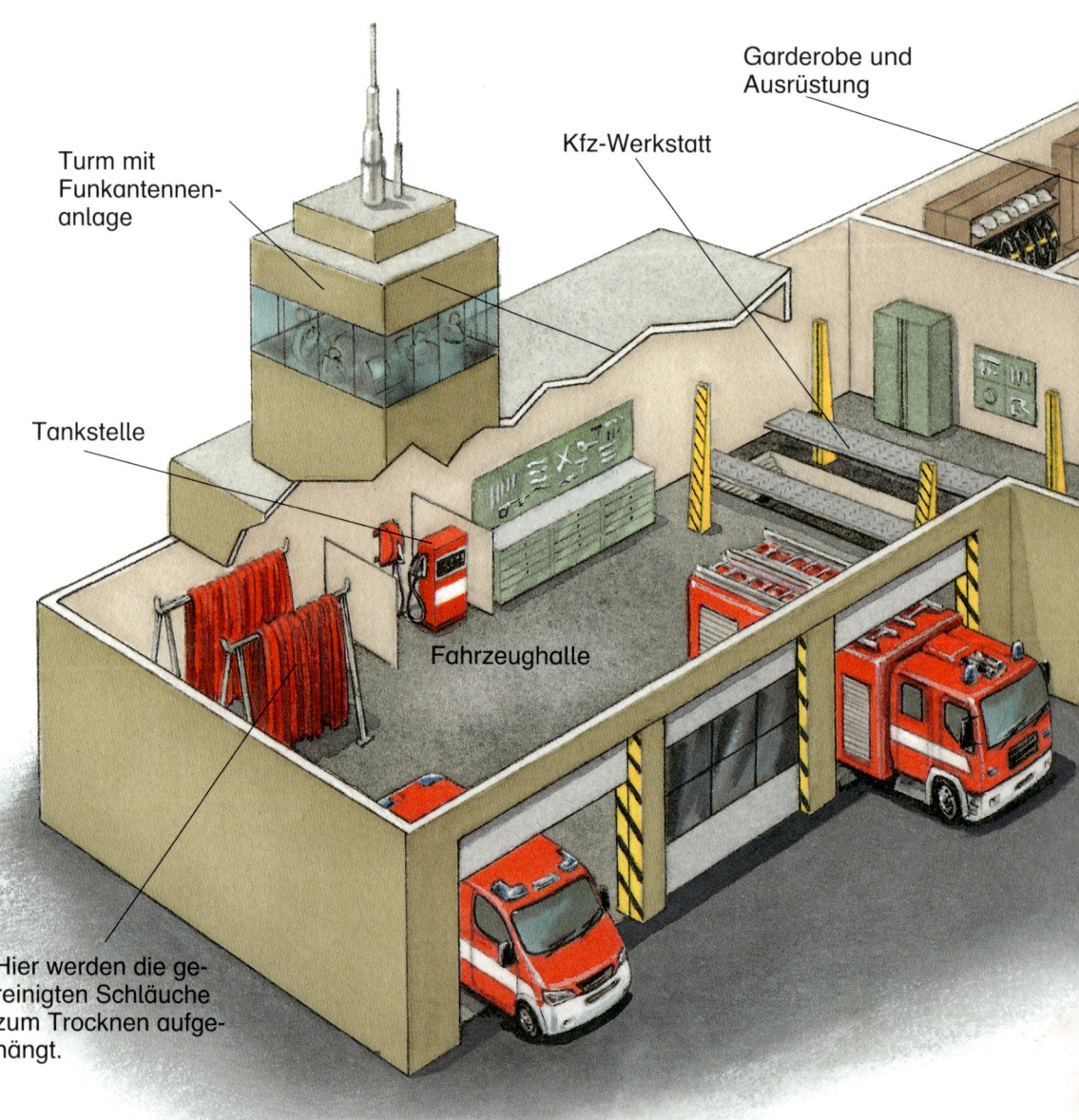

Garderobe und Ausrüstung

Kfz-Werkstatt

Turm mit Funkantennenanlage

Tankstelle

Fahrzeughalle

Hier werden die gereinigten Schläuche zum Trocknen aufgehängt.

● In manchen Feuerwachen gibt es Rutschstangen, an denen die Feuerwehrleute von den Schlafräumen im Obergeschoss direkt in die darunterliegende Fahrzeughalle rutschen können. So sind sie sofort einsatzbereit.

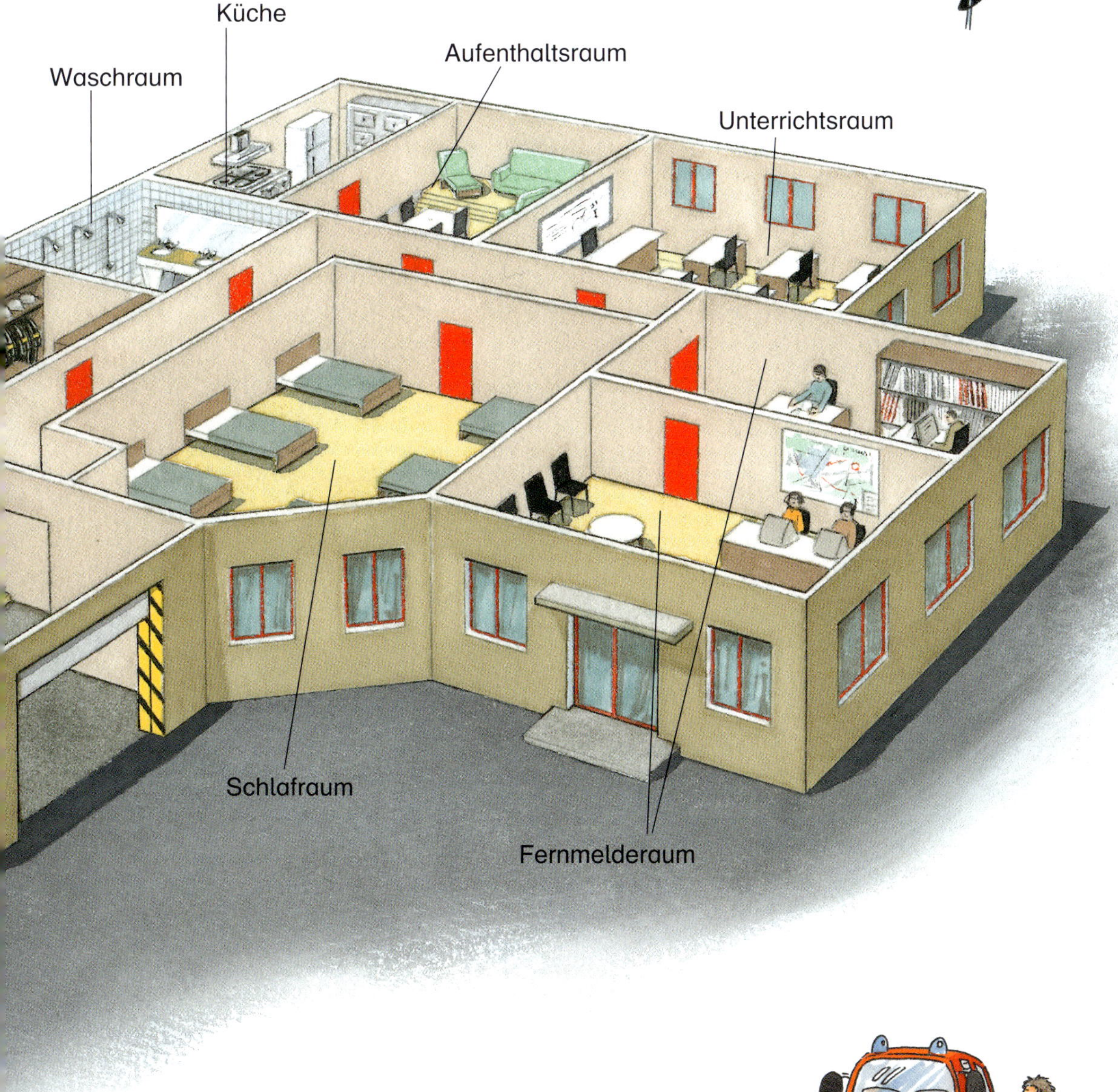

Küche

Aufenthaltsraum

Waschraum

Unterrichtsraum

Schlafraum

Fernmelderaum

Große Feuerwachen haben sogar eine eigene Schreinerei, eine Funk- und Elektrowerkstatt, eine Lackiererei, eine Waschhalle für die Fahrzeuge und vieles mehr.

Was macht die Einsatzleitstelle?

Über die Telefon-Notrufnummer 112 erreicht man die Einsatzleitstelle der Feuerwehr. Dort sitzen Feuerwehrbeamte, die Brandmeldungen und Notrufe entgegennehmen. Sie geben im Ernstfall Alarm und steuern von hier aus die Fahrten der Einsatzfahrzeuge und der Kranken- und Rettungswagen. In der Einsatzleitstelle schlägt das Herz der Feuerwache.

Im Computer sind Einsatzpläne, Flucht- und Rettungswege sowie wichtige Einzelheiten zu allen großen Gebäuden in einer Stadt gespeichert.

Telefon mit Direktleitungen zur Polizei und zur Rettungsleitstelle

Auf dieser Fläche wird eine Übersicht der aufgenommenen Gespräche angezeigt.

Monitor für die Einsatzbearbeitung

● Auf einer großen Planungstafel ist eine Übersicht aller Feuerwehrfahrzeuge dargestellt. Diese Tafel ist eines der wichtigsten Hilfsmittel für die Feuerwehrleute. Hier sehen sie, welche Fahrzeuge wann und wo im Einsatz sind und welche Fahrzeuge gerade verfügbar sind.

Auf jedem Bildschirm kann ein Stadtplan dargestellt werden, damit die Feuerwehrautos so schnell wie möglich und ohne Umwege an ihren Einsatzort gelangen können.

Bildschirm mit Daten für die Einsatzzentrale der Polizei

Drucker

Bei größeren Bränden wird immer ein Löschzug eingesetzt, der aus der Mannschaft und mehreren Fahrzeugen besteht. Die Mannschaft ist in Gruppen aufgeteilt, die verschiedene Aufgaben haben: Löschen, Rettung von Menschen, Abriegelung der Brandausbreitung und Wasserversorgung. Ein Löschzug rückt immer in einer festgelegten Reihenfolge zum Einsatzort aus: Nach dem Einsatzleitwagen folgen Löschfahrzeug, Drehleiter und Tanklöschfahrzeug.

Blaulicht

Martinshorn

Dreh-
leiter

Schlau
truppf

Einsatzleiter

**Drehleiter mit Korb
(DLK)**

Unterflurhydrant

● Zu einer Einsatzmannschaft gehören Zugführer, Gruppenführer, Truppführer und Truppmänner. Die Mannschaftsstärke wird oft so angegeben: 1/2/16. Das bedeutet, dass zur Mannschaft ein Zugführer, zwei Gruppenführer und sechzehn Mann gehören. Letztere gliedern sich in Truppführer und Truppmänner, Maschinisten und Melder.

Angriffs-
truppführer

Notarztwagen
(NAW)

Arzt

Verletzter

Tanklöschfahrzeug
(TLF)

Rettungs-
sanitäter

Maschinist

Wann rückt die Feuerwehr aus?

Die Feuerwehr löscht nicht nur Brände. Sie wird bei vielen Notfällen alarmiert: Bei Überschwemmungen müssen Menschen und Tiere gerettet werden. Bei Verkehrsunfällen werden die Fahrzeuginsassen aus den Autowracks befreit und Feuerwehrleute leisten Erste Hilfe und Rettungsdienst. Die Feuerwehr hat sogar Taucher, die beispielsweise bei Schiffsunglücken eingesetzt werden.

Taucherbrille

Atemschutz-gerät

Messer

Schwimmflossen

● Verschmutzungen der Umwelt, wie sie bei Ölunfällen auftreten, bekämpft die Feuerwehr, indem sie die Ausbreitung des Ölteppichs verhindert. Ölsperren auf der Wasseroberfläche binden das ausgelaufene Öl am Unfallort.

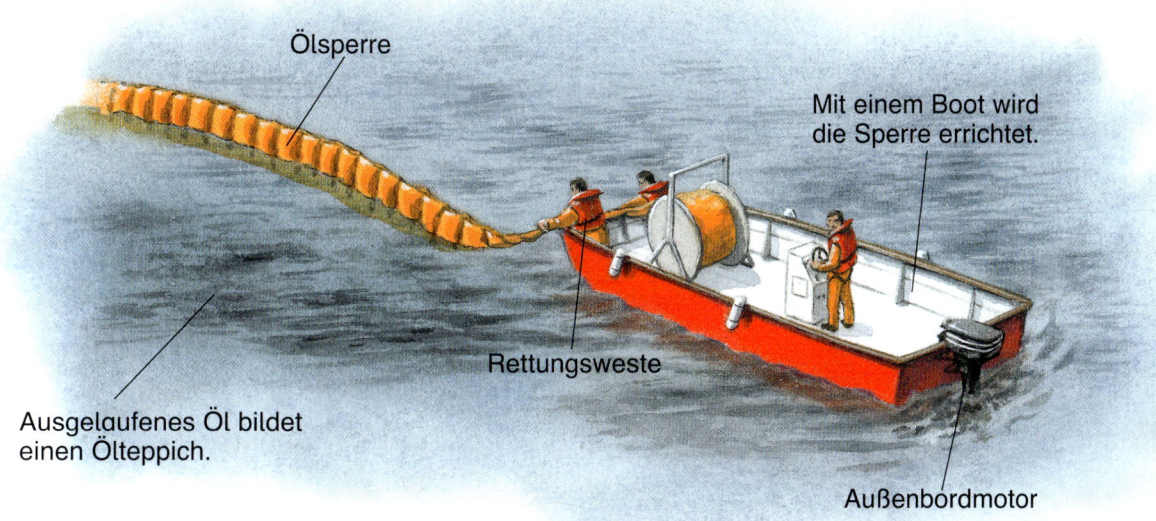

Ölsperre

Mit einem Boot wird die Sperre errichtet.

Rettungsweste

Ausgelaufenes Öl bildet einen Ölteppich.

Außenbordmotor

● Viele Feuerwehrleute arbeiten im Rettungsdienst. Bei Unfällen mit Verletzten, aber auch bei einem Herzinfarkt oder schweren Sturz kümmern sie sich um die schnelle und fachgerechte medizinische Versorgung der Patienten.

Waldbrände breiten sich sehr schnell über riesige Flächen aus. Am besten lassen sie sich aus der Luft bekämpfen. Flugzeuge mit großen Wassertanks überfliegen den Brandherd entgegen der Windrichtung und schütten Tausende von Litern Wasser über dem Gebiet aus. Löschflugzeuge können in Sekundenschnelle wieder neues Wasser aus nahe gelegenen Seen oder großen Flüssen aufnehmen.

Während Flugzeuge das Feuer bekämpfen, schlagen Feuerwehrleute Schneisen durch den Wald, um eine weitere Ausbreitung des Feuers zu verhindern.

Schutzkleidung mit Visier

Schnitt-schutzhose

● Zum Auffüllen der Tanks fliegt das Flugzeug über einen See oder großen Fluss hinweg und nimmt mit einem Schlauch Wasser in die Tanks auf. Dazu braucht es weniger als zehn Sekunden. Es legt dabei etwa 600 Meter zurück.

Das Flugzeug öffnet seine Tankklappen und lässt das gesamte Löschwasser in die Flammen ab.

Tragflächen-schwimmer

Die Wassertanks neh-men mehr als 6 000 Liter Wasser auf.

Das Einziehfahrwerk ermöglicht es, auf dem Wasser oder auf Flugplätzen zu landen.

Was macht die schwimmende Feuerwehr?

Bei Bränden auf Ölfördertürmen, Öltankern oder anderen Schiffen kann die Feuerwehr nur mit einem Schiff an die Brandstelle gelangen. Diese Feuerlöschboote saugen mit Feuerlöschpumpen unter dem Schiffsrumpf Wasser zum Löschen an. Oft wird das Wasser noch mit Schaummitteln gemischt, damit Schaumwerfer bei Ölbränden das Feuer ersticken können.

Schaumwerfer

Wasserwerfer

Besprechungsraum

Bug

Ein Feuerlöschboot kann Wasser und Schaum bis zu 60 Meter weit spritzen.

Feuer an Bord eines großen Passagierschiffes

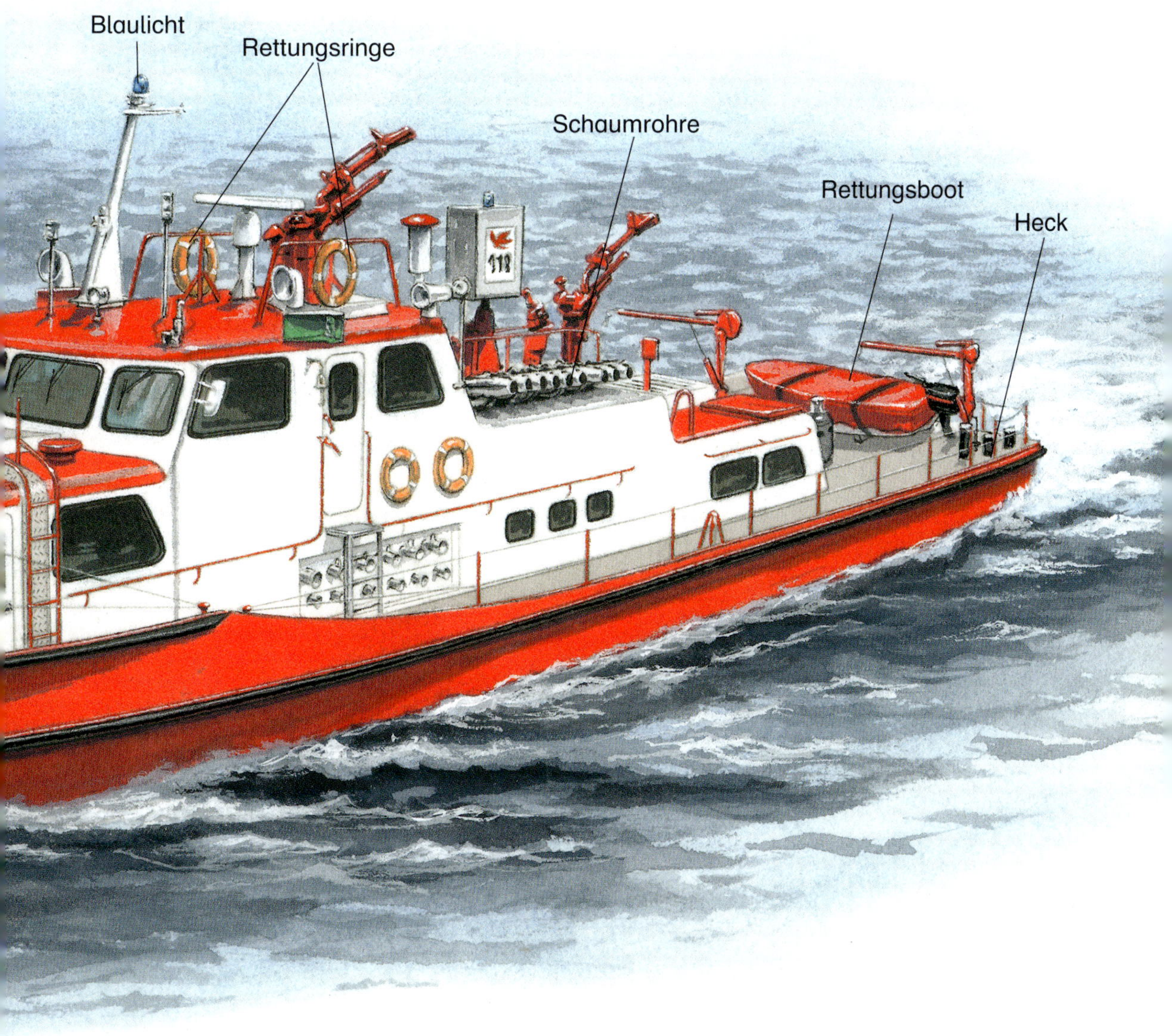

Blaulicht

Rettungsringe

Schaumrohre

Rettungsboot

Heck

Wie sieht ein Einsatz am Flughafen aus?

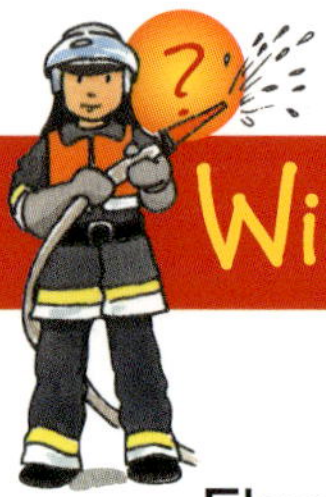

Flughäfen haben ihre eigene Feuerwehr. Wenn ein Flugzeug notlanden muss, rücken sofort Spezialfahrzeuge zum Löschen an. Die Schaumlöschkanone, ein 45 Tonnen schweres Löschfahrzeug, und alle anderen Einsatz- und Rettungsfahrzeuge nehmen vor der Notlandung des Flugzeugs ihre Positionen ein.

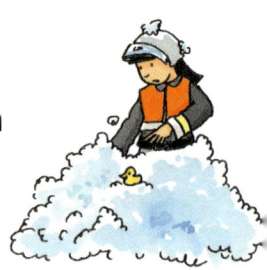

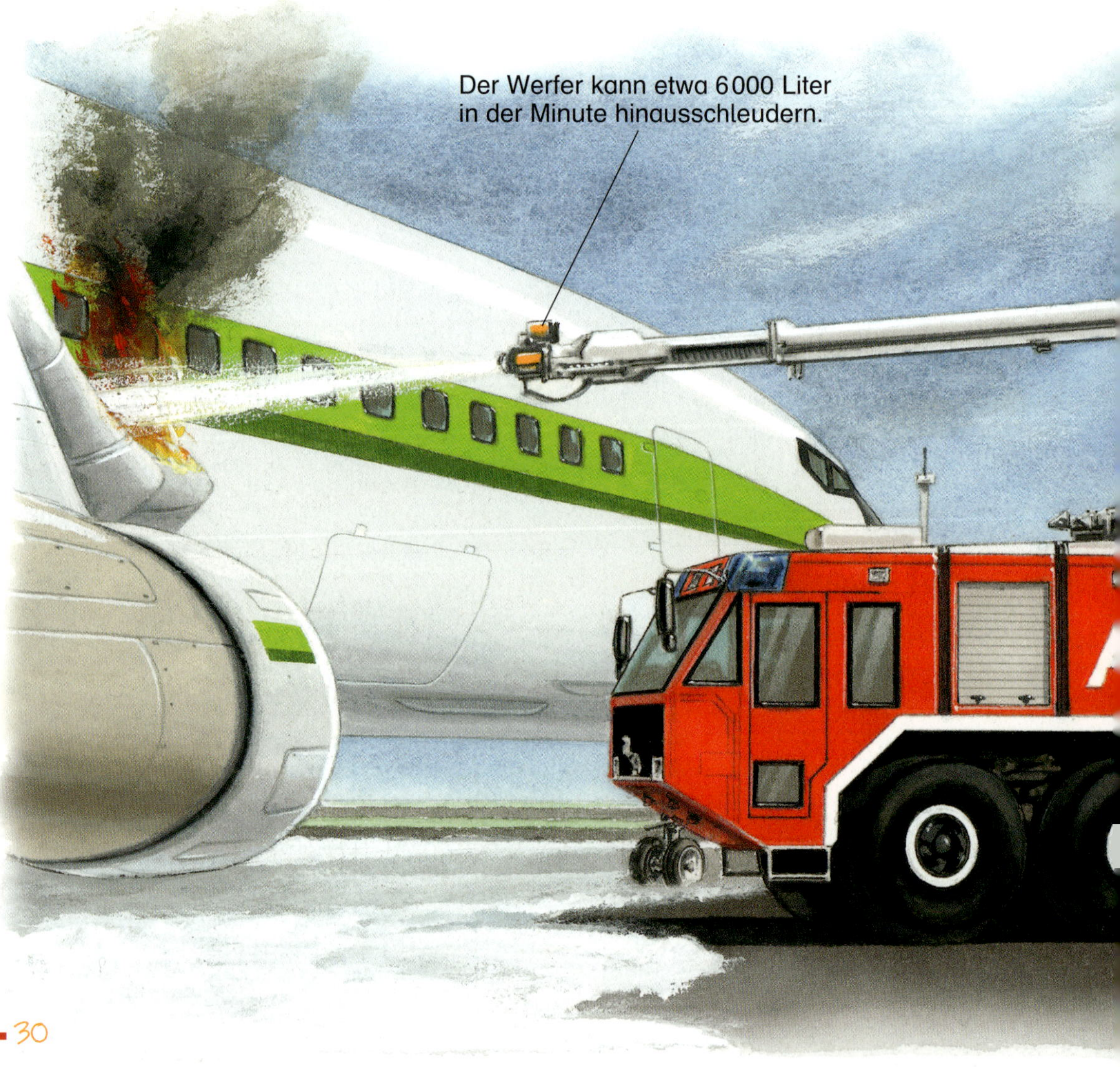
Der Werfer kann etwa 6000 Liter
in der Minute hinausschleudern.

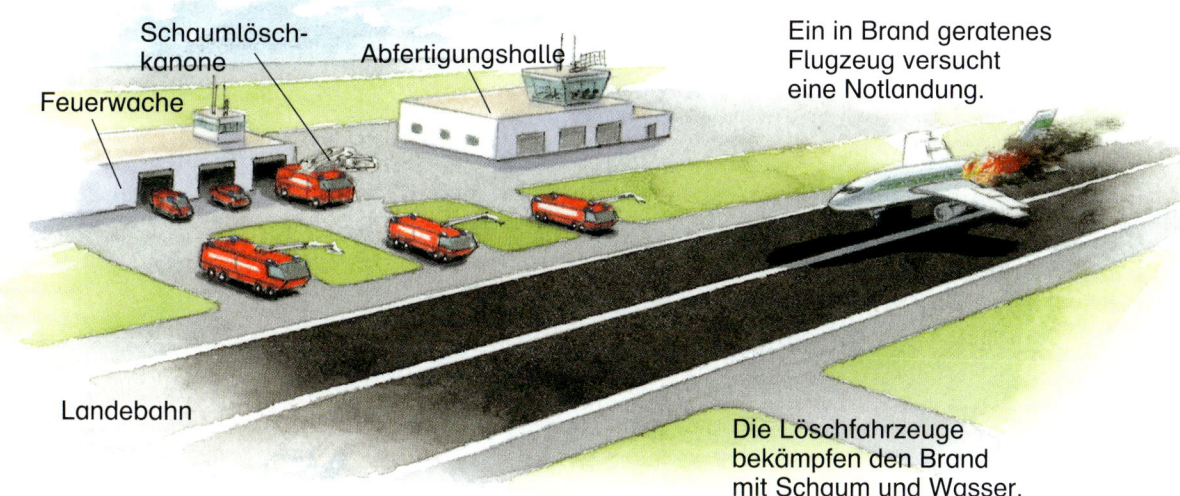

Schaumlösch-
kanone

Feuerwache

Abfertigungshalle

Ein in Brand geratenes
Flugzeug versucht
eine Notlandung.

Landebahn

Die Löschfahrzeuge
bekämpfen den Brand
mit Schaum und Wasser.

Wenn das Flugzeug bei der Notlandung aufsetzt, müssen die Flammen
innerhalb weniger Sekunden gelöscht sein. Nur so kann eine Katastrophe
verhindert werden. Die Feuerwehrleute an Flughäfen sind für Notlan-
dungen besonders ausgebildet.

Der Löschwassertank fasst
etwa 11 600 Liter.

Der Schaummitteltank
fasst etwa 1 200 Liter.

Motor mit
1 250 PS

In seitlichen Laderäumen
befinden sich Schläuche,
Rohre und Armaturen.

Wo kommt das Löschwasser her?

Falls sich in der Nähe eines Brandortes ein See oder Fluss befindet, wird das Wasser von dort aus mit einer Kreiselpumpe aus dem Löschfahrzeug angesaugt. Sonst entnimmt man das Löschwasser den Hydranten. Das sind Wasseranschlüsse, die an Straßen und Gehwegen aller Städte und Gemeinden zu finden sind. Ein Tanklöschfahrzeug ist aber stets auch mit einem eigenen großen Wassertank für den sofortigen Einsatz ausgerüstet.

Überflurhydranten sind oberirdisch angebracht und daher leicht zu erkennen.

Einen solchen Bedienungsschlüssel braucht der Feuerwehrmann, um einen Unterflurhydranten aufzudrehen.

Rohrdurchmesser des Hydranten (hier: 15,0 cm)

Die Zahlen auf dem Schild geben an, wo der Hydrant steht: vier Meter vor dem Schild und zwei Meter rechts von ihm.

Ein Feuerwehrmann dreht einen Unterflurhydranten auf.

● Schläuche zum Feuerlöschen bestehen aus beschichtetem textilem Gewebe oder aus Kunstfasern. Je nach ihrer Größe werden sie in die Klassen A, B, C und D unterteilt. Mit Saugschläuchen wird das Wasser zur Kreiselpumpe angesaugt. Von dort wird es mit Druckschläuchen auf die Brandstelle gespritzt.

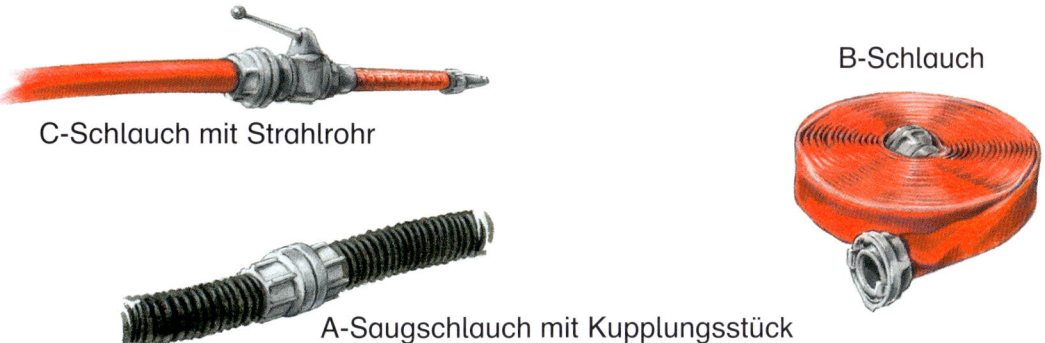

B-Schlauch

C-Schlauch mit Strahlrohr

A-Saugschlauch mit Kupplungsstück

● Wenn alle Schläuche mit den Wasseranschlüssen und Pumpen verbunden sind und alle Feuerwehrleute ihre Position eingenommen haben, gibt der Einsatzleiter oder der Zugführer den Befehl „Wasser marsch!". Wenn ein Brand gelöscht ist, werden die Schläuche zum Trocknen in den Schlauchturm der Feuerwache gehängt.

Hebel nach hinten:
Sprühstrahl

Hebel nach vorne:
Vollstrahl

Feuerwehrleute müssen bei jedem Einsatz genau wissen, wie sie am schnellsten helfen können. Deshalb wird regelmäßig geübt. In künstlichem Rauch proben sie den Einsatz von Atemschutzgeräten oder sie trainieren an hohen Hausfassaden das Klettern auf Leitern und die Rettung von Verletzten. Sie müssen auch sportlich gut in Form sein und mit der technischen Ausrüstung perfekt umgehen können.

Die Feuerwehrleute üben das sichere Retten von Verletzten, um im Ernstfall schnell helfen zu können.

Trittsicherheit ist sehr wichtig und muss ständig trainiert werden.

● Von der sicheren Beherrschung aller Handgriffe kann im Ernstfall das Leben der vom Feuer bedrohten Menschen abhängen. Dazu gehört zum Beispiel auch das Retten von Menschen aus großen Höhen, etwa aus Hochhäusern. Dabei werden Sprungpolster oder Höhenrettungstrupps eingesetzt.

Sprung in die Tiefe: Rettung mit dem Sprungpolster

Beim Trainingseinsatz mit dem Atemschutzgerät arbeiten die Feuerwehrleute mit künstlichem Rauch und Atemschutzmasken.

● „Florian" ist das Kennwort, das bei den Feuerwehren im Funkverkehr verwendet wird. Jedes Fahrzeug hat eine Funkrufnummer, unter der es erreichbar ist, wie „Florian 8" oder „Florian 12". Der heilige Florian, auf dessen Namen sich das Kennwort bezieht, ist der Schutzpatron aller durch Feuer oder Wasser in Not geratenen Menschen.

Der heilige Florian wird oft als Ritter mit einem Banner und einem Wasserkübel dargestellt.

Den normalen Feuerwehrwagen, der zur Brandbekämpfung und für einfache technische Hilfeleistungen eingesetzt wird, nennt man Löschfahrzeug oder Löschgruppenfahrzeug. Art und Menge der Beladung, also Geräte und Ausrüstung, sind genau festgelegt. Zusätzlich gibt es Rüstwagen und Schlauchwagen mit noch viel mehr Material.

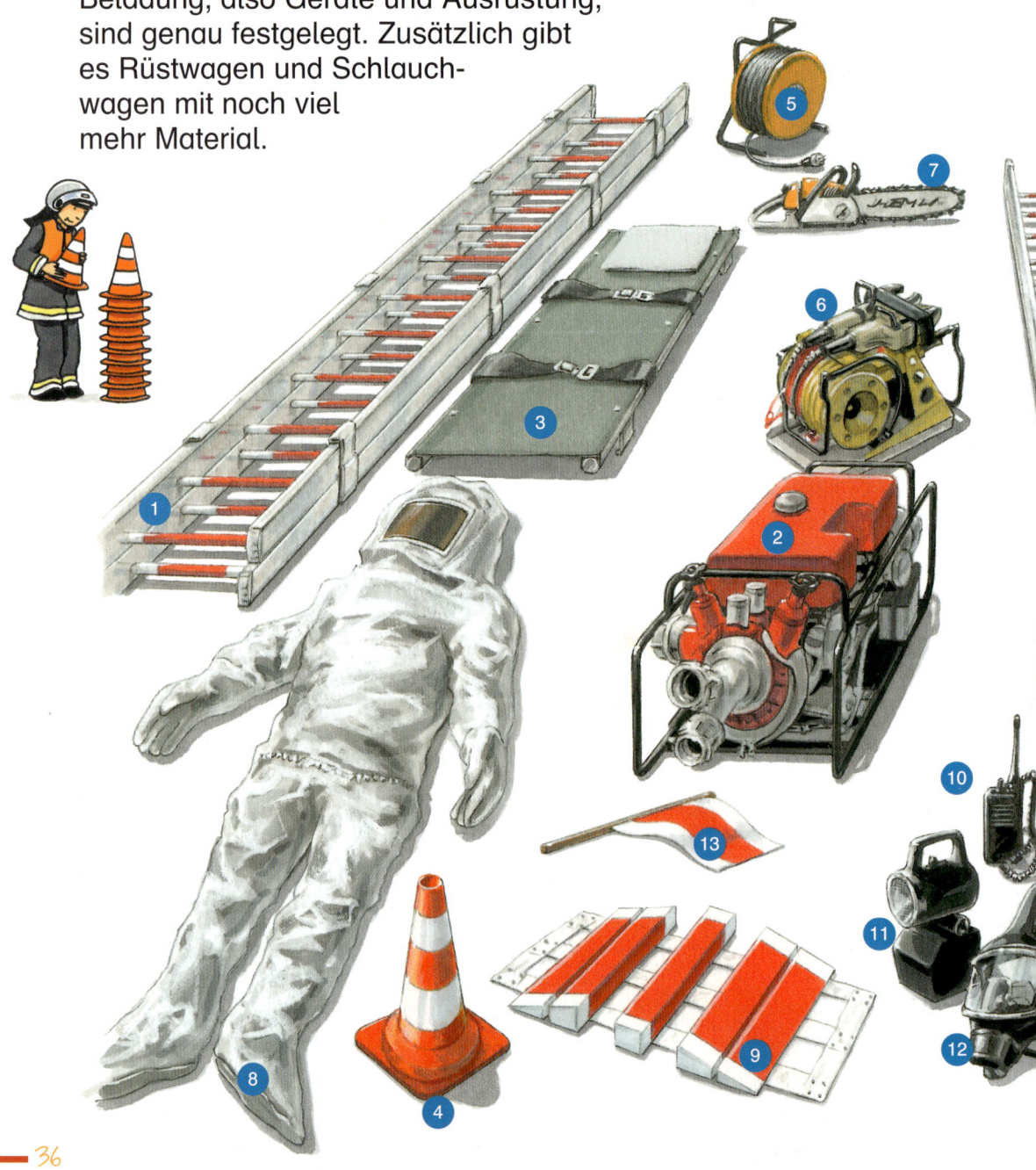

1	Schiebleiter, dreiteilige	**9**	Schlauchbrücke
2	Hydraulikpumpe	**10**	Handsprechfunkgerät
3	Krankentrage	**11**	Handscheinwerfer
4	Verkehrsleitkegel	**12**	Atemschutzmaske
5	Kabeltrommel	**13**	Warnflagge
6	Rettungsspreizer	**14**	Axt
7	Motorsäge	**15**	Brechstange
8	Hitzeschutzanzug	**16**	Warnweste
		17	Pressluftatmer

18	Schaummittelbehälter
19	Schlauchhaspel, fahrbare
20	Feuerlöscher
21	Druckschläuche
22	Hydrantenschlüssel
23	Schlaucharmaturen
24	Strahlrohre
25	Warndreieck

Für ihre Arbeit benötigt die Feuerwehr viele verschiedene Fahrzeuge. Das Hilfeleistungslöschfahrzeug ist eines der wichtigsten, da es für die meisten Einsätze gebraucht wird. Es gibt auch viele Spezialfahrzeuge, die nicht an jeder Feuerwache vorhanden sind. Jedes Fahrzeug wird mit einer bestimmten Abkürzung bezeichnet. So heißt der Einsatzleitwagen „ELW", das Tanklöschfahrzeug „TLF" und der Rettungswagen „RTW".

Leiter

Blaulicht

**Hilfeleistungs-
löschfahrzeug
(HLF)**

Feuerwehrautos kann man leicht erkennen: Sie sind alle rot. Außerdem haben sie bei einem Einsatz immer Vorfahrt, auch an roten Ampeln. Mit Martinshorn und Blaulicht werden die anderen Verkehrsteilnehmer gewarnt. Bei Bränden und Unfällen ist immer ein Rettungswagen mit im Löschzug, an dessen Spitze der Einsatzleitwagen fährt.

Einsatzleitwagen (ELW)

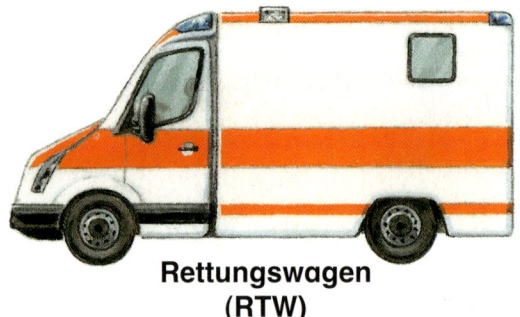

**Rettungswagen
(RTW)**

Feuerwehrkran (FWK)

Kranführerkabine

Kran

Der Feuerwehrkran kommt zum Einsatz, wenn schwere Lasten bewegt werden müssen. Liegen nach einem Sturm entwurzelte Bäume auf einer Straße, räumt er sie zur Seite, damit der Verkehr wieder ungehindert fließen kann.

Gerätewagen für die Wasserrettung (GW)

Blaulicht

Anhänger mit Motorboot

Die ausfahrbare Drehleiter reicht bis in 30 Meter Höhe.

Drehleiter (DL)

seitliche Laderäume

Wie kann man Bränden vorbeugen?

Man sollte sich darüber informieren, wie Brände entstehen können und wo besondere Brandgefahren lauern. Sehr oft bricht Feuer durch bloße Gedankenlosigkeit aus. Ein achtlos in den Papierkorb geworfenes glimmendes Streichholz oder ein vergessenes, noch eingeschaltetes Bügeleisen sind häufige Brandursachen. Auch Kurzschlüsse in elektrischen Geräten und Kabelbrände können ein Feuer auslösen.

Besonders im Haushalt lauern viele Brandgefahren:

offener Kamin

eingeschaltetes Bügeleisen

kaputtes Kabel

● Wenn ein Feuer ausbricht, breitet es sich sehr schnell aus. Trotzdem muss man Ruhe bewahren. Über die Notrufnummer 112 erreicht man die Feuerwehr. Man nennt seinen Namen, den Ort, an dem es brennt, und erzählt, was man beobachtet hat. Versuche nie, ein Feuer selbst zu löschen! Hole immer einen Erwachsenen zu Hilfe!

Feuermelder

Um die Feuerwehr mit einem Feuermelder zu erreichen, muss man die Scheibe einschlagen und den Knopf drücken.

Notrufsäule

Bei einer Notrufsäule muss man keine Nummer wählen, sondern nur den Hörer abnehmen. Man findet sie vor allem an Autobahnen.

● Handfeuerlöscher gibt es in verschiedenen Ausführungen. Sie löschen je nach Brand mit Schaum, Pulver oder anderen Chemikalien. Brennt beispielsweise ein Fernseher, muss man einen Feuerlöscher verwenden, der mit einem Pulvermittel löscht. Brennende Flüssigkeiten werden meist mit Schaummitteln erstickt.

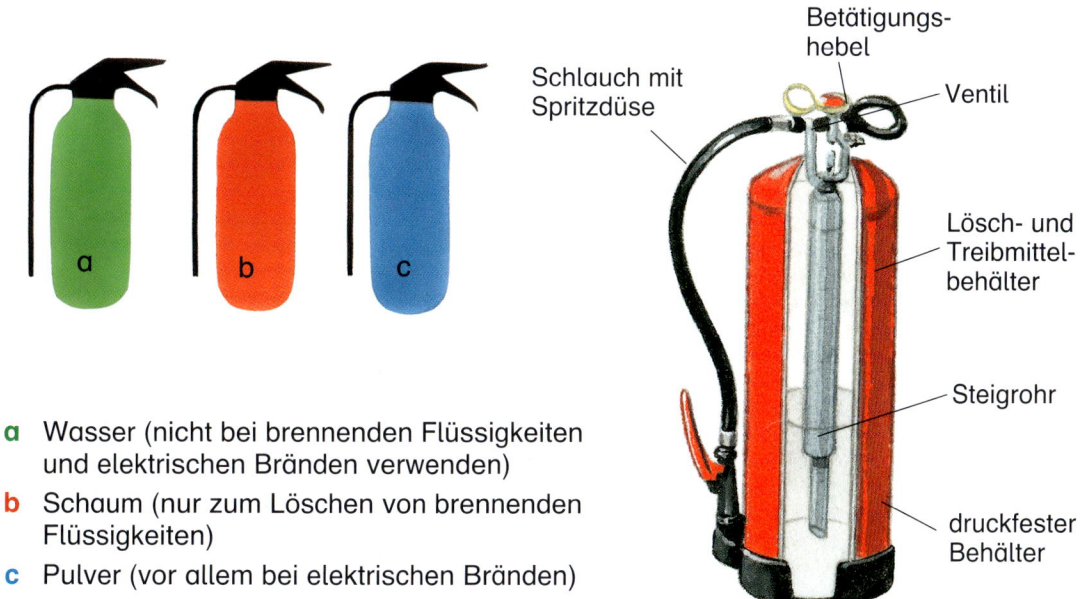

a Wasser (nicht bei brennenden Flüssigkeiten und elektrischen Bränden verwenden)

b Schaum (nur zum Löschen von brennenden Flüssigkeiten)

c Pulver (vor allem bei elektrischen Bränden)

Zu den Bildern auf dieser Seite wird dir jeweils eine Frage gestellt. Wenn dir die Antwort nicht einfällt, dann suche im Buch einfach die abgebildete Illustration.

Wann wird dieses Hilfsmittel eingesetzt?

Wer waren die ersten Feuerwehrmänner?

Was zeigt diese Abbildung?

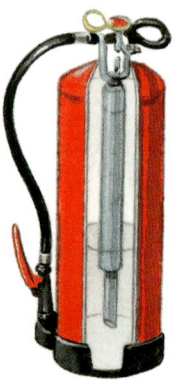

Was macht dieser Feuerwehrmann?

Welches Gerät ist das?

Welches Fahrzeug ist das?

Welchen Schutzanzug trägt
dieser Feuerwehrmann?

Was tun diese Feuerwehrmänner?

Wozu dient ein
Druckschlauch?

Wie werden Flugzeuge gelöscht?

Register

FRAG MICH WAS!

Steinzeit

Altes Ägypten

Dinosaurier

Unter der Erde

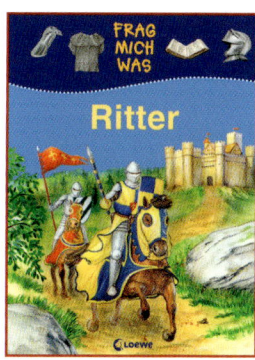
Ritter

Sonne, Mond und Sterne

Mein Körper

Mineralien und Gesteine

Weitere Titel der Reihe:

- Autos
- Bauernhof
- Die Erde
- Eisenbahn
- Fußball
- Flugzeuge
- Indianer
- Lastwagen
- Pferde
- Piraten
- Schiffe
- Vulkane
- Wale und Delfine
- Wilde Tiere